EL CISNE QUE

HABITA EN TI

Miriam León Morandeira

PALABRAS
DE AGUA
EDITORIAL

EL CISNE QUE HABITA EN TI
© Miriam León Morandeira 2024
© Ilustraciones: Palabras de Agua Editorial 2024

Editora: Ana Coto Fernández
Corrección: Palabras de Agua Editorial
Maquetación: Palabras de Agua Editorial

Primera Edición: Abril 2024

ISBN: 978-84-127169-8-6
Depósito Legal: M-10875-2024

Impresión: España

Este cuento va dedicado a todos aquellos niños y niñas que se han sentido, en algún momento de sus vidas, solos, poco queridos, excluidos, insultados o, incluso, despreciados. Para que pronto vuelvan las sonrisas a vuestras caras y encontréis a vuestra bandada de cisnes.

Prólogo

Desde la Fundación Los Maestros tenemos como objetivo luchar contra la despoblación de la Serranía Alta de Cuenca por medio de actividades culturales, formativas y de divulgación que involucren directamente a la gente de la zona, la dinamicen, les haga socializar y evitar de este modo el aislamiento. Una de estas iniciativas culturales nos ha llevado a convocar por primera vez concursos literarios, con el objetivo de que, en los pueblos como Tragacete, se luche por tener la posibilidad de hacer cosas en beneficio de la sociedad con el único límite que tiene la imaginación, es decir, ninguno.

La Fundación Los Maestros y el jurado popular participativo involucrado, han decidido que, de la ingente cantidad de cuentos presentados a concurso, «El cisne que habita en ti» merece ser el ganador por la emotividad y la calidad de la historia.

Era una bonita mañana del mes de septiembre, radiante, en la que daba comienzo un nuevo curso escolar. Todos los alumnos del colegio Pato Silvestre estaban rebosantes de alegría y muy entusiasmados por reencontrarse con sus amigos después de los meses de verano. Corrían por los pasillos, charlaban animadamente del verano, se agrupaban, hacían bailes y se grababan con los móviles haciendo esas coreografías con las canciones de actualidad... Vamos, un colegio más (imagino que el tuyo también es así, ¿verdad?).

Todos estaban muy contentos de volver a estar con sus amigos, pero los que estaban realmente entusiasmados eran los alumnos de tercer curso, porque les habían dicho que vendría un compañero nuevo al centro.

Sin embargo, cualquier historia cuenta con dos versiones. Concretamente, en la otra parte de esta historia, había una personita en particular que, en medio de ese bullicio festivo de vuelta al cole, se encontraba sumida en un mar de preocupación en el interior del coche junto a sus padres. A través de la ventanilla, observaba a todos esos niños saludándose efusivamente, fundiéndose en abrazos afectuosos y reflexionaba en silencio sobre cómo sería esta vez. Pero, llenándose de coraje, inspiró profundamente, se despidió de sus padres con un amargo nudo en la garganta, agarró con fuerza las cintas de su mochila y dio un paso decidido fuera del vehículo, sin mirar atrás, dispuesta a enfrentar su nueva etapa.

—¡Hace un día maravilloso! —exclamó entusiasmada la profesora, de tercero, mientras atravesaba la puerta del aula y saludaba con gran afecto a sus alumnos, a los que cariñosamente llamaba patitos—. ¿Cómo han pasado el verano mis patitos? ¿Bien?

—¡Bieeen! ¡Genial! —se escuchó responder emocionadamente a los niños.

Todos le fueron contando a la maestra, con gran entusiasmo, sus aventuras y desventuras del verano, a dónde habían viajado, cómo habían sido las visitas a los pueblos de los abuelos, entre tantas emocionantes historias. Estaban exultantes después de tanto tiempo sin verse. Sin embargo, como suele suceder, siempre había un pequeño grupo que optaba por menospreciar a los demás, ya fuese porque no se había podido ir de vacaciones o porque no llevaba los pantalones de moda.

Así, el regreso al colegio poseía dos caras: por un lado, estaba bien porque los chicos se reencontraban con sus amigos, pero por otro, mal porque siempre había alguno que intentaba arruinar el ambiente (ya sabéis a lo que me refiero, ¿no?).

—Bueno —continuó la profesora con mucha amabilidad —como bien sabéis, hoy se incorpora un alumno nuevo, quien pronto vendrá a la clase.

Los chicos se llenaron de alegría, y murmuraban emocionados.

—¡Ha dicho alumno, es un chico! ¡Tomaaa! ¡Ya somos uno más para jugar al fútbol! —comentaban, mientras les hacían muecas a las niñas de la clase.

De pronto, se sintió un sutil y delicado golpeteo en la puerta de aula. ¡Sí, el tan esperado momento había llegado!

Todos los estudiantes de la clase pusieron sus ojos y toda su atención hacia la puerta que, con suma lentitud, se fue abriendo, revelando tímidamente la figura de una niña pequeña. Era muy menuda, se mostraba cabizbaja, con una tez tan pálida como la nieve, y una melena rizada, alborotada y de un intenso tono pelirrojo, que le caía hasta la mitad de la espalda.

Algunos de los niños se mostraron desilusionados al ver que era una chica.

—¡Bienvenida, Marilia! —rompió el silencio al exclamar con alegría la profesora.

La niña alzó su mirada y de inmediato comenzaron los cuchicheos. Todos se fijaron en lo mismo, un detalle muy especial: sus ojos. Marilia tenía un ojo de color verde y otro tono azul.

—¡Hola! —saludó Marilia con una tímida sonrisa, y se sentó en un sitio libre.

A la hora del recreo se formaron diferentes corrillos, todos dirigidos en la misma dirección y en todos había el mismo tema de conversación, la niña nueva de tercero.

—¿Habéis visto sus ojos? —comentaban entre susurros.

—Sí, ¡qué extraños! —respondían unos.

—¡Vaya pelo del color de un tomate! —añadían otros.

Apenas recién llegada, todos tenían ya una opinión creada sobre Marilia. La habían juzgado sin siquiera hablar con ella, ¡pero si acababa de llegar!

Al parecer Marilia no encaja en los patos, como se hacían llamar los alumnos. Su apariencia les resultaba rara, extraña. ¿Por qué su apariencia les resultaba tan inusual?

Esta historia se repetía una y otra vez en cada lugar al que Marilia iba: la piscina, el parque o su antigua escuela. Siempre eran las mismas burlas y comentarios despectivos hacia ella, era algo que no entendía. ¿Acaso se habían molestado en conocerla de verdad?

Con la cabeza gacha, Marilia se alejó y se refugió en un banco apartado del patio de la escuela, donde lloró amargamente mientras escuchaba las risas y las burlas de los compañeros.

En ese momento, Marilia recordó una historia que siempre le contaba su madre, cada vez que lloraba por no encajar en algún lugar:

"Marilia, acuérdate de la botella de agua. En el supermercado, una botella de agua cuesta a penas 0,50 céntimos; sin embargo, en el gimnasio su precio sube a 1,50€, mientras que en un bar puede llegar a costar 2€. Incluso, en un avión, es posible que llegue a costar ¡hasta 5€ o incluso más! Pero la botella es siempre la misma, con el mismo contenido de agua en su interior y su misma estética exterior. Simplemente, varía su valor dependiendo del lugar en el que se encuentre. Así que, la próxima vez que te sientas menospreciada o que no valoren tu verdadero ser, tal vez solo estés en el lugar equivocado".

—¿Cuándo encontraría su lugar? —se preguntaba Marilia—. ¿Cuándo alguien la aceptaría como amiga y valoraría su verdadero ser?

Las siguientes semanas después de su llegada, fueron un castigo, en especial la hora del recreo. Deambulaba solitaria por el patio sin jugar con otros niños. Sus compañeros de clase la rechazaban, nadie quería ser su amigo o jugar con ella, ya fuera al pillapilla o al fútbol, a nada.

Sin embargo, un día, una profesora en prácticas apareció en el patio con una sonrisa radiante y una paz que se transmitía en su rostro. En un intento por animar a los demás, anunció:

—¿Alguien se viene a la biblio conmigo? —sonrío ampliamente, y su sonrisa transmitía calma y alegría.

—Tenemos un montón de libros nuevos y, también, nos han llegado ya los juegos de mesa nuevos que algunos tanto han estado esperando —pronunció guiñando un ojo a dos alumnos que tenía al lado.

Al instante, varios niños y niñas se arremolinaron a su alrededor preguntando muchas cosas al mismo tiempo.

—¿Ya tenemos el UNO®? ¿El juego del Virus®? ¿Los cómics de "One Piece®"? —preguntaban los alumnos, emocionados, entre aplausos y risas.

Marilia pensó que en la biblioteca podría encontrarse a gusto, sería su refugio, un lugar donde podría sentirse cómoda sin necesidad de interactuar con nadie. Allí podría estar a solas sin temor a recibir palabras hirientes. Además, aunque nadie lo sabía, le encantaba leer, dibujar, y era tremendamente buena en los juegos de mesa. No obstante, eso quién iba a saberlo si nadie quería jugar con ella, pensaba siempre Marilia. Pero, al menos, con aquella profe que parecía tan agradable, nadie se burlaría de su pelo de color tomate ni de sus peculiares ojos.

—Profe —dijo con voz trémula—. ¿Puedo ir yo también?

La profe la miró de reojo y, al ser consciente de que era la niña nueva, le respondió con una amplia sonrisa:

—¿Cómo que si puedes ir? ¡Yo ya estaba contando contigo! —exclamó guiñándole un ojo—. Todo el mundo es bienvenido en la biblio.

Durante una semana, Marilia disfrutó explorando una gran variedad de libros. Estaba contenta, a pesar de que aún no tenía amigos, desde su llegada hacía ya tres semanas. Al menos ahora, en el recreo, no se metían con ella y podía disfrutar de la tranquilidad de la biblio.

Los niños que acudían a la biblioteca se sentaban por mesas, algunos para leer, otros para repasar y otros jugaban a juegos de mesa. Todos lo pasaban bien y no se metían unos con otros. Aunque sí que había algunos que no llevaban bien perder, nunca se peleaban. Tan solo se oía el grito de: "¡Revancha!", acompañado de muchas risas. Se dio cuenta, incluso, que allí había algunos compañeros de clase, un grupo de niños y niñas que nunca se había metido con ella.

Después de esa maravillosa semana, todo cambió. Fue en ese preciso momento cuando la profesora encargada de la biblioteca irrumpió en escena y anunció con gran entusiasmo que alguien había donado una serie de juegos novedosos para el colegio, entre ellos, se encontraba el juego favorito de Marilia, el de Banderas®.

Con una mirada llena de emoción, la joven observó cómo algunos niños, compañeros tanto de su clase como de otras, se divertían alegremente con el juego. Sin poder resistirse a la tentación, decidió acercarse sigilosamente, pues la timidez la invadía.

De repente, una voz conocida interrumpió sus pensamientos. Era Guille, uno de los niños que ya se encontraba jugando. Con una sonrisa cálida, le invitó a unirse a la partida:

—¿Marilia, quieres jugar? —preguntó Guille.

La emoción invadió a Marilia, que aceptó tímidamente la invitación. La estaban invitando a jugar y se sabían su nombre. ¡WOW, estaba encantada!

—Claro, me gustaría mucho —respondió Marilia, tímidamente.

Empezaron el juego y, rápidamente, se sumergieron en la diversión. Marilia demostró poseer un vasto conocimiento sobre las banderas. Rieron, bromearon, charlaron de cosas que les gustaban… ¡Fue el mejor recreo que recordaba haber tenido nunca! Lo que no sabía es que sería el primero de muchos.

En un momento durante las charlas que mantenían, Alba, una de las niñas presentes, halagó la hermosa melena de Marilia.

—¡Vaya pelo bonito que tienes! —le dijo, Alba, una de las chicas—. Siempre quise ser pelirroja.

—Me flipan tus ojos —le dijo Álex, otro compañero, y le preguntó a qué se debía que fueran diferentes entre ellos.

Con naturalidad, Marilia les explicó que padecía heterocromía, una condición hereditaria que le otorgaba diferentes colores en sus iris, tal y como lo poseían su padre y su abuela. Todos prestaron atención y se sintieron fascinados por su relato.

A partir de ese momento, se adentraron en una conversación que abarcaba infinidad de temas, generando un ambiente de paz y camaradería, que hizo sentir a Marilia muy a gusto.

Cuando llegó el momento de recoger y regresar a clase, Alba cerró aquel encantador encuentro con unas palabras llenas de amabilidad hacia Marilia:

—Aquí eres bienvenida siempre. ¡Eres una de los nuestros!

—¿Una de los vuestros? —inquirió Marilia, entre sorpresa y curiosidad.

—¡Sí, claro! Te gustan los juegos de mesa, los cómics y vemos las mismas series —contestó, José, otro del grupo.

—¡Eres del Equipo Cisne! —exclamó Diana, una compañera con voz chillona, mientras se reía y daba palmadas de manera divertida.

—¿O no has visto que nosotros tampoco encajamos con los demás patos del cole? —pronunció otro compañero.

—Fíjate —dijo Alba pronunciando unas sabias palabras— aquí cada uno es diferente al otro. ¿Y crees que nos importa cómo nos etiqueten los demás? ¡No! Todos somos geniales, lo que pasa es que ellos no se han molestado en conocer lo molones que somos —finalizó Alba, mientras realizaba varias poses de modelo.

El grupo estalló en carcajadas, dejando bien claro que cada uno era diferente a su manera y que no les importaba las etiquetas que les imponían los demás. Todos eran geniales y lo evidenciaban con plenitud, aunque lamentablemente los demás no habían tenido la oportunidad de conocer su esencia tan especial.

—Tienes que dejar salir el cisne que habita en ti —le dijo Guille mientras hacía un mohín divertido y continuaba hablando—. Eres súper divertida, tienes buen gusto para los libros y, además, ¡eres toda una experta en el juego de las Banderas®! ¿Qué más quieres?

Todos se rieron y, en ese preciso momento, Marilia se dio cuenta de que finalmente que había encontrado su sitio. Tenía amigos con los que se sentía plena y, a partir de ahí, se convirtió en un cisne que mostraba su verdadero ser.

La vida de Marilia dio un vuelco de 180 grados desde ese día. Disfrutaba de animadas partidas con sus nuevos amigos en los recreos, planeaban salidas al cine o se reunían para hacer juntos los deberes. Así fue como Marilia, poco a poco, comenzó a ser feliz, ¡muy feliz!, compartiendo juegos, risas, y momentos inolvidables junto a aquellos amigos que la querían de verdad tal y como era.

En las semanas siguientes, las risas resonaban en la biblioteca durante los recreos y cada vez más alumnos se unían al Equipo Cisne. Marilia se sentía orgullosa de haber encontrado su lugar, donde podía ser ella misma sin miedos ni máscaras. Ahora, ella y sus amigos demostraban a todos que la diversidad y las diferencias eran algo hermoso de celebrar y apreciar.

El Equipo Cisne no solo se divertía con los juegos de mesa, sino que, con la ayuda de los profes, también comenzaron a organizar actividades y eventos para que los demás alumnos del colegio pudieran participar y que nadie quedase excluido.

Fue en los últimos días de aquel curso maravilloso, cuando Marilia propuso la magnífica idea de un festival de talentos que impactaría a todos en el colegio. El objetivo era mostrar al mundo el increíble don y las asombrosas habilidades de cada estudiante, permitiéndoles expresar su verdadero ser sin inhibiciones.

Como un remolino de pasión y esfuerzo combinados, los cisnes trabajaron arduamente para hacer realidad tan fabulosa idea, ensayando bailes, afinando voces y preparando sorpresas inolvidables para el gran día.

El festival fue todo un éxito, una sinfonía de colores y melodías que unió a patos y cisnes en una sola bandada, derribando barreras y celebrando las aptitudes y la diversidad en su máxima expresión.

Marilia, con su voz dulce y melodiosa, hechizó a todos mientras cantaba una canción que tocaba el alma. Alba dejó a todos boquiabiertos con su deslumbrante habilidad para el baile, Álex cautivó a la audiencia con sus malabares magistrales y Guille arrancó carcajadas a todos con una actuación cómica y genial.

Después del festival, todos elogiaron la valentía y la creatividad del Equipo Cisne. Los padres y profesores felicitaron a Marilia y a sus amigos por haber creado una experiencia tan especial que involucrara a todos sus compañeros. Ellos crearon un puente de amistad y camaradería en el corazón del colegio.

Finalmente, llegó el último día de clases. El ambiente se inundó con una mezcla de nostalgia y emociones encontradas. Marilia y sus amigos se despidieron sabiendo en lo más profundo de sus corazones que, aunque el verano los separaría físicamente, siempre estarían unidos por un lazo indestructible, después de todo lo que habían logrado juntos. Además, encontraban consuelo al saber que en el próximo curso escolar se reencontrarían para vivir nuevas y apasionantes aventuras, siempre como un equipo, siempre como una familia.

Así fue cómo Marilia descubrió el poderoso mensaje que la vida le ofrecía: no importa cuánto te rechacen o qué tan diferentes puedas ser, siempre encontrarás a personas que te aceptarán tal como eres. Recordó la historia de la botella que siempre le contaba su madre: "No es que tú no valgas, sino que estás en el lugar equivocado".

De este modo, Marilia, la joven y fascinante niña nueva, con sus llamativos ojos heterocromáticos, su cabello pelirrojo, y su pandilla, el equipo de los cisnes, dejaron una huella imborrable en el colegio Pato Silvestre. Su legado, impregnado de amistad inquebrantable, inclusión vibrante y aceptación incondicional, abrió las puertas al corazón de cada pato y cisne que se cruzaba en su camino, inspirándolos a ser valientes, a abrazar sus diferencias y a bailar al ritmo de su propio ser.

En definitiva: a liberar el cisne que habita en ellos.

FIN

Actividades

Haz un breve resumen de la historia...

· ·
· ·
· ·
· ·
· ·
· ·
· ·
· ·
· ·
· ·
· ·
· ·
· ·
· ·
· ·

Dibuja a tu personaje favorito

Enumera él/los protagonistas de esta historia y haz una breve descrición de cada uno de ellos...

....
....
....
....
....
....
....
....
....
....
....
....
....
....
....

FICHA DEL GRAN LECTOR:

Título del cuento:

....

Autor:

....

Editorial:

....

ISBN:

....

¿Quién narra la historia?

....

Resume la historia en una sola frase:

....
....
....

¿Sabes en qué consiste la heterocronía? ¿Conoces a alguien que padezca esta enfermedad?

....
....
....
....
....
....
....
....
....
....
....
....
....
....
....

Dibuja una portada alternativa para esta historia...

.

Enumera tus cinco cuentos favoritos...

....
....
....
....
....
....
....
....
....
....
....
....
....
....
....

Narra una breve historia donde tú seas el protagonista...

....
....
....
....
....
....
....
....
....
....
....
....
....
....
....

....

....

....

....

....

....

....

....

....

....

....

....

....

....

....

....

....

Dibuja una portada para tu historia...

Enumera él/los protagonistas de tu historia y haz una breve descrición de cada uno de ellos...

....
....
....
....
....
....
....
....
....
....
....
....
....
....
....
....

Dibuja a tu personaje favorito...

Actividades propuestas por el profe...

....
....
....
....
....
....
....
....
....
....
....
....
....
....
....
....
....
....

AGRADECIMIENTOS:

A mis queridos lectores y seres queridos.

Quiero expresar mi más profundo agradecimiento a todas las personas que han jugado un papel fundamental en mi vida, en la creación de esta obra y su publicación.

A mi tesoro más grande, mi hijo, quiero darte las gracias por ser mi fuente de inspiración y motivación. Gracias por querer leer con ilusión cada borrador o escuchar cada una de mis historias.

A mi marido, quiero agradecerte tu apoyo incondicional en cada proyecto que he emprendido. Siempre has estado a mi lado, sosteniendo mi mano, sin soltarla nunca. Tu amor y confianza son mi impulso para alcanzar mis sueños.

A mi hermana de corazón, quiero darte las gracias por estar siempre presente en mi vida, celebrando cada logro y compartiendo cada alegría. Gracias por tu apoyo en cada paso que doy.

A todas mis queridas amigas, ese círculo especial, les agradezco de corazón el haber compartido con entusiasmo cada hoja de esta historia.

Sin olvidarme de dar las gracias a mis padres por estar siempre ahí y enseñarme el amor por la lectura.

Y, por último, a la Fundación Los Maestros, al jurado y a la editorial Palabras de Agua, por confiar en este proyecto.

A todos vosotros, mis queridos lectores, os agradezco de corazón que hayáis querido ser parte de este maravilloso viaje. Espero que esta historia haya dejado una huella en vuestras vidas y la hayáis disfrutado tanto como yo escribiéndola.

Os espero en los próximos libros.

Con eterna gratitud,

Miriam

LINT. 214